FRANCESCO CILIDONIO
COLOR COACH
333 FÓRMULAS
forma universal
para coloristas peluqueros
Edición en español

"Imagina la persona en la que quieres convertirte y sigue el camino que te llevará a serlo".

Francesco Cilidonio

ANTES DE QUE EMPIECES ...

1. **TENGA ABSOLUTAMENTE CUIDADO EN LEER LAS FÓRMULAS ADECUADAS AL MEZCLAR.**

2. **LA DOSIFICACIÓN DEBE SER LA MISMA QUE LA TRANSCRITA EN EL FORMULARIO. LAS FÓRMULAS ESTÁN PRUEBADAS Y PERFECCIONADAS PARA NO CAMBIAR DEMASIADO DE COLOR. CUALQUIER VARIACIÓN IMPLICA VARIABLES NUEVAS E INESPERADAS, POR LO TANTO RESPETAR LAS DOSIS Y DILUCIONES.**

3. **LAS FÓRMULAS PARA CABELLOS BLANCOS NUNCA DEBEN APLICARSE SOBRE UN CABELLO COLOREADO. ESTO PROVOCA LA SOBRECARGA DE COLOR, OSCURIÉNDOLO.**

4. **ESTA FORMA SE UTILIZA SOLAMENTE PARA COLORANTES EN CREMA O DE OXIDACIÓN DIRECTA, QUEDAN ABSOLUTAMENTE EXCLUIDOS OTROS TIPOS, POR EJEMPLO COLORANTES AL ÓLEO.**

5. **EL PAPEL DEL COLORISTA EN EL SALÓN NO ES SOLO ARTÍSTICO, RECUERDA PRESTAR ATENCIÓN A LA QUÍMICA DEL PRODUCTO Y SEGUIR LA FORMA O LA CARTA DE COLORES, COMO SIEMPRE LO INDICAN LOS TÉCNICOS DE LAS EMPRESAS. DE HECHO CADA EMPRESA TIENE SU REGLA ESPECÍFICA DE DILUCIÓN O COLORACIÓN, SIEMPRE TENGA CUIDADO DE NO IR EN CONTRA DE LOS PRINCIPIOS QUÍMICOS RECOMENDADOS POR LA EMPRESA CON LA QUE TRABAJA.**

6. **ATENCIÓN A LOS DISTINTOS REFLEJOS QUE CAMBIAN SEGÚN LA EMPRESA, A CONTINUACIÓN ENUMERO EN QUÉ BASES DE REFLEJOS FUERON CREADOS MIS COLORES.**

7. **¡PROBADO, PROBADO, PROBADO! CADA FÓRMULA ES COMO SI FUERA UN COLOR NUEVO, POR LO QUE DEBE PROBARLAS ANTES DE DARLAS AL CLIENTE, SÓLO ÉSTA PODRÁ DESTRUIR BIEN EL ASUNTO. LAS PRUEBAS DE CLIENTES NO ESTÁN PERMITIDAS A MENOS QUE SE REQUIERA.**

formulas for people of all skill levels, from the lowest to the highest.

40 g

Los matices de esta forma se basan todos en 40 gramos de producto. Se cree que es la cantidad que necesita un individuo para eliminar el desperdicio; de no ser así, bastará con calcular las cantidades dividiendo o multiplicando por los gramos preestablecidos de las fórmulas.

Cuando encuentras estas dos clasificaciones, significa que...

Estos son los tonos pensados para cubrir cabellos blancos o naturales. Se puede usar con peróxido de hidrógeno de 20 a 30 volúmenes
Tiempo de procesamiento: 30 - 35 minutos.

Son fórmulas creadas para la tonificación y también neutralización del cabello decolorado, para realizar colores particulares y tendencias de moda. No tienen la capacidad de tapar las canas pero las refleja. A menudo, gracias a las fórmulas especiales, las mezclas de Range se reproducen.
Mezcla de oxígeno: de 5vol a 15vol
relación de dilución 1: 1 - 1: 1,5 - 1: 2
tiempo de procesamiento de 10 a 20 minutos

Estos son los reflejos en los que se basaron las fórmulas, así que asegúrese de que su compañía de tintes se base en estos de la lista, para evitar más cambios de color no deseados:

1 CENIZA - AZUL

2 IRISÉ - MORADO

3 ORO

4 COBRE

5 CAOBA

6 ROJO

7 MATE - VERDE

8 MOKA

are
you
ready
?
LET'S GO!!
Please test the formulas before use in the hairsalon

Bordeaux

Altura de 4 tonos: 20g de 4 +20g de 4.66 + 1g de 4.35

Altura de 5 tonos: 20g de 5 +20g de 5.66 + 1g de 5.53

Altura de 6 tonos: 20g de 6 +20g de 6.66 + 1g de 6.53

Altura de 7 tonos: 20g de 7 +20g de 7.66 + 1g de 7.53

Altura de 8 tonos: 20g de 8 +15g de 8.66 + 5g de 8.35

Altura de 4 tonos: 20g de 4 +20g de 4.66 + 1g de 4.44

Altura de 5 tonos: 20g de 5 +20g de 5.66 + 1g de 5.44

Altura de 6 tonos: 20g de 6 +20g de 6.66 + 1g de 6.44

Altura de 7 tonos: 20g de 7 +20g de 7.66 + 1g de 7.44

Altura de 8 tonos: 20g de 8 +15g de 8.66 + 5g de 8.44

Altura de 9 tonos: 20g de 9 +15g de 9.66 + 5g de 9.44

Venetian Red

Marsala

FÓRMULA UTILIZABLE EN ALTURA DE TONO 8/910 pigmentos directos o colorantes sin oxidación

15 g de rojo + 3 g de azul + 1 g de gris + 1 g de dorado + 10 g de violeta + 5 g de marrón + 5 g de transparente

Range

altura de 4 tonos : 20g de 4 +10g de 4.66 + 10g de 4.22 + 1g de corrector azul (0.1)

Altura de 5 tonos: 20g de 5 +10g de 5.66 + 10g de 5.22 + 1g de corrector azul (0.1)

Altura de 6 tonos: 20g de 6 +10g de 6.66 + 10g de 6.22 + 1g de corrector azul (0.1)

Altura de 7 tonos: 20g de 7 +10g de 7.66 + 10g de 7.22 + 1g de corrector azul (0.1)

Altura de 8 tonos: 20g de 8 +10g de 8.66 + 10g de 8.22 + 1g de corrector azul (0.1)

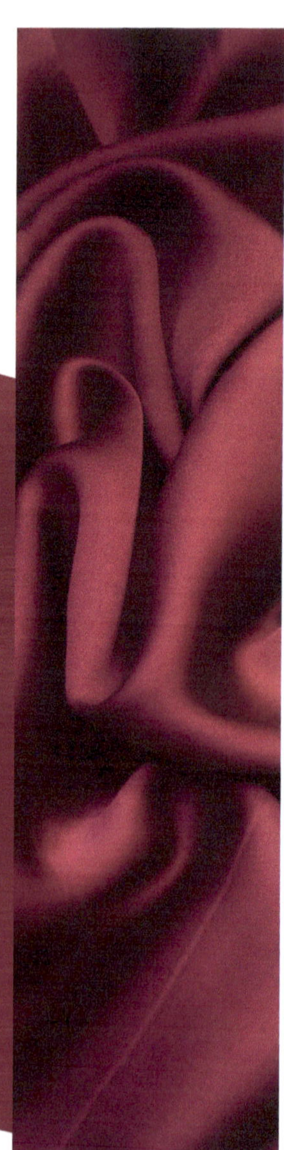

Red lovers

Special color

Red velvet

15G DE ROJO
+ 19 G DE 4,46
+5 G DE
COBRE

24G DE 7.62
+ 15 G DE 5
+
1 G DE 0.26

Amarantine

Pidgeon blood

30G DE 6.66
+ 5 G DE 1 +
5 G DE
COBRE

30 G DE
ROJO
+ 10 G DE
COBRE

Carmine

para usar solo con oxígeno: 5 -10 dilución 1: 1 tiempo de procesamiento 10 -15 minutos

Copper Skillet

Range

Altura de 4 tonos: 20g de 4 + 10g de 4.44 + 10g de 4.43

Altura de 5 tonos: 20g de 5 + 10g de 5.44 + 10g de 5.43

Altura de 6 tonos: 20g de 6 + 10g de 6.44 + 10g de 6.43

Altura de 7 tonos: 20g de 7 +10g de 7.44 + 10g de 7.43

Altura de 8 tonos: 20g de 8 +10g de 8.44 + 10g de 8.43

Altura de 9 tonos: 20g de 9 + 10g de 9.44 + 10g de 9.43

Altura de 10 tonos: 30g de 10.44 + 10g de 10.43

Altura de 4 tonos: 20g de 4 + 10g de 4.44 + 10g de 4.33

Altura de 5 tonos: 20g de 5 + 10g de 5.44 + 10g de 5.33

Altura de 6 tonos: 20g de 6 + 10g de 6.44 + 10g de 6.33

Altura de 7 tonos: 20g de 7 +10g de 7.44 + 10g de 7.33

Altura de 8 tonos: 20g de 8 + 10g de 8.44 + 10g de 8.33

Altura de 9 tonos: 20g de 9 + 10g de 9.44 + 10g de 9.33

Altura de 10 tonos: 30g de 10.44 + 10g de 10.33

Copper Metallic Shimmers

Range

Ocre rojo:
2 variantes - coloración directa:
25g de rojo + 8g de amarillo + 7g de azul.
15g de magenta + 20g de amarillo + 5g de negro.
Coloración de oxidación:
25 g de 8.66 + 8g de 9.33 + 7 g de 8.11 + oxígeno a 5 o 10 volúmenes
dilución 1:1

Cártamo:
colorante directo: 29g de rojo + 6g de oro + 4g de azul
colorante de oxidación: 29 g de 7.66 + 6 g de 6.33 + 4 g de 9.11 oxígeno a 5
o 10 volúmenes dilución 1:1

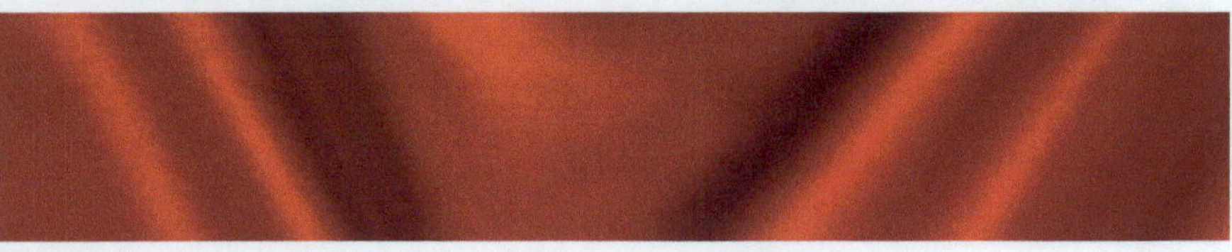

Escarlata:
colorante directo: 22 g de magenta + 18 g de amarillo.
colorante de oxidación: 22 g de 9.66 + 18 de 9.44
oxígeno a 5 o 10 volúmenes dilución 1:1

Carmín:
colorante directo: 35 g de rojo + 4 g de amarillo + 1 g de azul
colorante de oxidación: 35 g de 7.66 + 4 de 8.33 + 1 g de 8.11 oxígeno a 5 o
10 volúmenes dilución 1:1

Bermellón:
colorante directo:
rojo 30 g + 8 g de amarillo + 2 gramos de negro
colorante de oxidación:
30 g de 8.66 + 8g de 8.43 + 2 g de 2 oxígeno a 5 o 10 volúmenes
dilución 1:1

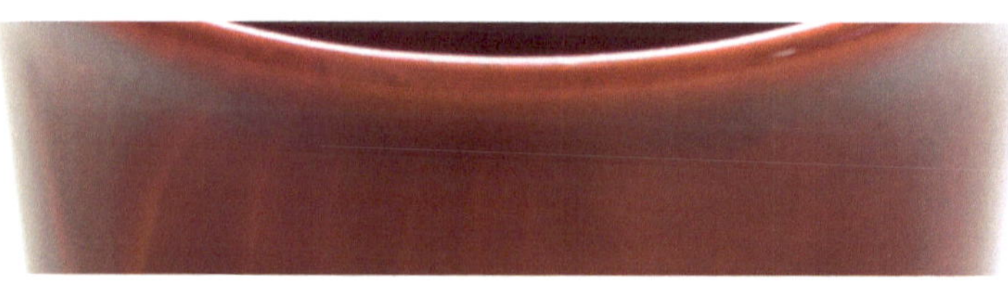

Iro-urushi:
coloración directa (dos variantes):
22 g de rojo + 4 g de amarillo + 4 g de azul + 10 g de gris.
14g de magenta + 13g de amarillo + 13g de gris oscuro
colorante de oxidación: 22g de 10.66 + 10g de 9.31 + 8g de 1

Rubia:
colorante directo: 35 g de rojo + 3 g de amarillo + 2 g de azul
colorante de oxidación: 35g de 8.66 + 5g de 8.78 oxígeno a 5 o
10 volúmenes dilución 1:1

Sangre roja:
colorante directo: 38g de rojo + 1g de azul + 1g de gris
colorante de oxidación: 38g de 6.66 + 1g de 1.1

Tomate rojo:
colorante directo: 29 g de rojo + 10 de amarillo + 1g de gris
colorante de oxidación: 29g de 10.66 + 10g de 10.34 + 1g de 3

Palo de rosa:
colorante directo: 20g de rojo + 10g de marrón oscuro + 10g de transparente
colorante de oxidación: 30 g de 7.66 + 10 g de 5.85 oxígeno a 5 o 10 volúmenes dilución 1:1

Rojo llameante:
colorante directo: 38g de rojo + 1g de amarillo
colorante de oxidación: 38g de 10.666 + 1g de 0.33
oxígeno a 5 o 10 volúmenes dilución 1:1

rojo fresa:
colorante directo: 20 g de rojo + 5 g de fucsia + 1 g de amarillo + 14 g de transparente.

Granada:
colorante directo: 35g de magenta + 2g de amarillo + 3g de claro (transparente)
colorante de oxidación: 35 g de 8.66 + 1g de 0.43 + 3 g de clara (0.00)
oxígeno a 5 o 10 volúmenes dilución 1:1

Naranja roja:
colorante directo: 20 g de amarillo + 20 g de rojo
colorante de oxidación: 30 g de 9.44 + 10 g de 9.66
 oxígeno a 5 o 10 volúmenes dilución 1:1

naranja holandesa:
colorante directo: 30g naranja + 5g rojo + 1g marrón + 4g amarillo fluo
colorante de oxidación: 25g de 7.444 + 5g de 8.64 + 10g de 8.33

Ámbar:
colorante directo: 30 g de amarillo + 5 g de naranja + 5 g de marrón

Altura de 4 tonos: 20g de 4 + 20g 4.33

Altura de 5 tonos: 20g de 5 + 20g 5.33

Altura de 6 tonos: 20g de 6 + 20g 6.33

Altura de 7 tonos: 20g de 7 + 20g 7.33

Altura de 8 tonos: 8 20g + 20g 8.33

Altura de 9 tonos: 39g de 9.33 + 1g de 9.34

Altura de 10 tonos: 39g de 10.33 + 1g de 10.34

para usar solo con oxígeno: 5 -10 - 20 - 30 dilución 1: 1 tiempo de procesamiento 10 -15 - 20 -30 minutos

Range
TIERRA DE SIENA QUEMADA
UN COBRE SUAVE Y PARTICULAR

5   15 G DE COBRE + 5 G DE 5,31 + 20 g de 5
6   15 G DE COBRE + 5 G DE 6,31 + 20 g de 6
7   15 G DE COBRE + 5 G DE 7.31 + 20 g DE 7
8   15 G DE COBRE + 5 G DE 8.31 + 20 g de 8,00

Range
CHOCOLATE

4   1 G DE COBRE + 1G DE DORADO + 40 g di 4
5   1 G DE COBRE + 1G DE DORADO + 40 g di 5
6   1 G DE COBRE + 1G DE DORADO + 40 g de 6
7   1 G DE COBRE + 1G DE DORADO + 40 g de 7

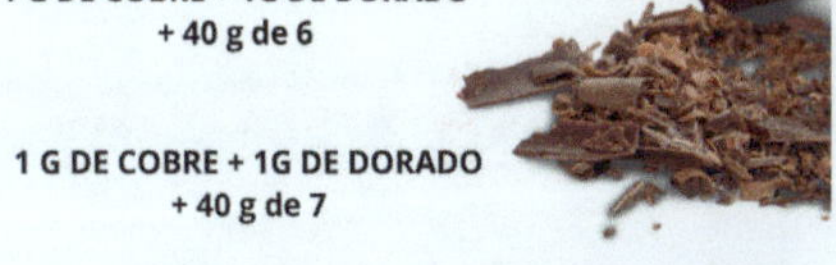

Red Orange
18G DE ROJO + 17G DE COBRE + 5 G DE 1

Cool Summer
Special color

Orange fruit
15G DE COBRE + 15 G DE AMARILLO + 10G DE CLEAR

Grapefruit
10G DE ROSA + 1 G DE ORO + 29G DE 9.32

Lime
3G DE AMARILLO FLÚOR + 5 G DE VERDE FLUORESCENTE + 31 G DE CLEAR

LIMÓN
10 G DE AMARILLO FLUORESCENTE + 10 G DE CLEAR + 20 G DE 10.34

para usar solo con oxígeno: 5 -10 dilución 1: 1

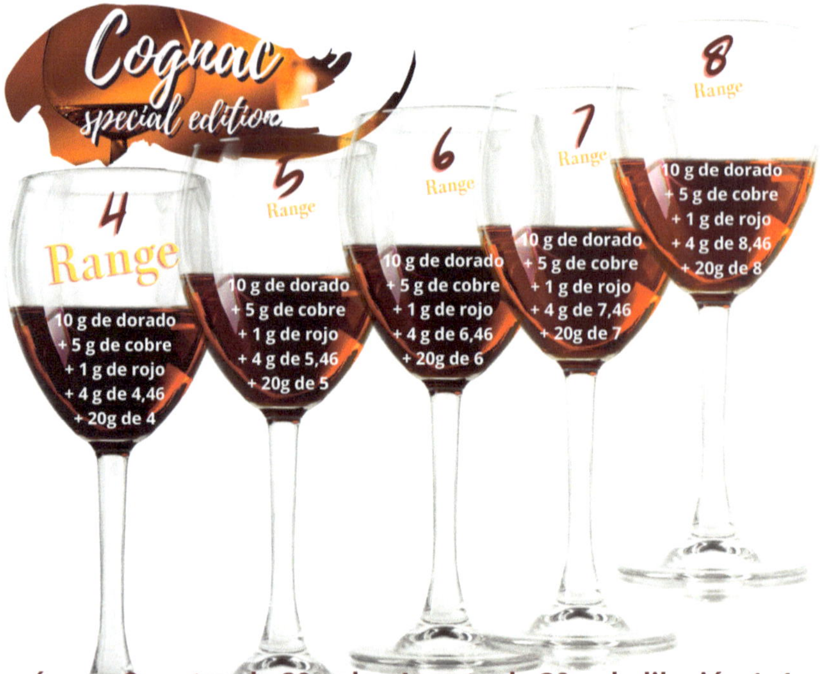

oxígeno: 2 partes de 20 vol. + 1 parte de 30 vol. dilución 1: 1

Accostamenti di colori ideali:

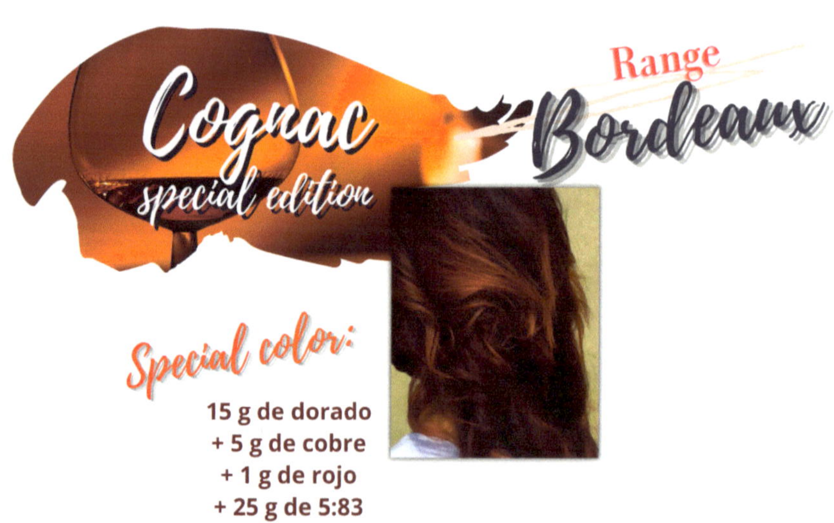

Special color:

15 g de dorado
+ 5 g de cobre
+ 1 g de rojo
+ 25 g de 5:83
volúmenes de oxígeno 5 - 10 dilución 1: 1 - 1: 1,5 - 1: 2
tiempo de procesamiento 10 - 20 minutos

Pink lovers

rosè

30 G DE ROSA + 5 G DE COBRE +1 G DI DORADO + 2 G DE CLEAR

20G DE MAGENTA + 20 G DE CLEAR + 1 G DI AZUL

big babol

10 G DE FUCSIA + 5 G DE COBRE + 20 G DI CLEAR

fucsia

4G DE ROJO + 25G DE 10.11 + 10G DE CLEAR

candy

para usar solo con oxígeno: 5 -10 dilución 1: 1 tiempo de procesamiento 10 -15 minutos

Blush

Special color:

10 g de Rojo + 10 g di CLEAR + 1 g de Azul + 19g di 7.1

FORMULA UTILIZZAZIBILE SU ALTEZZA DI TONO 7/8/9/10 CON OSSIGENO DA 5 A MASSIMO 15 VOLUMI con diluizione 1:1. Tempo di posa 10 -15 minuti

No se recomienda aplicar sobre un fondo aclarante rojo anaranjado, mientras que sobre un fondo muy anaranjado se creará un rosa antiguo/salmón

Range	
5	8g de 6,66 + 10g de clara + 1g de 0,11 + 21g de 5 oxígeno: 40ml de 20 - 25 - 30 volúmenes 1:1
6	8g de 6,66 + 10g de clara + 1g de 0,11 + 21g de 6 oxígeno: 40ml de 20 - 25 - 30 volúmenes 1:1
7	8g de 6,66 + 10g de clara + 1g de 0,11 + 21g de 7 oxígeno: 40ml de 20 - 25 - 30 volúmenes 1:1

Purple lovers

Special color

IRIS LOUISIANA
BLACK GAMECOCK

20G DE 4.22
+ 15 G DE 10.21
+
5 G DE AZUL

19G DE
PÚRPURA + 1G
DE AZUL +
20G DE 9.11

Lavander

tulipán morado

16 G DE 4,2
+ 2 G DE AZUL
+ 2 G ROJO
+ 20G DE 10:21

10 G DE AZUL
+ 3G DE ROJO
+ 20G DE CLARA
+ 10G 4.21

PENSAMIENTO

para usar solo con oxígeno: 5 -10 dilución 1: 1 tiempo de procesamiento 10 -15 minutos

Blue lovers
Special color

blu di prussia

30 G DE AZUL +10 G DE CLEAR + 1 G DE TURQUESA

dove blue

5G DE AZUL + 25 G DE 6.11 +1 G DE DORADO + 9 G DE 10,7

+ 20 G DE 10.12 +20 G DE AZUL

15 G DE AZUL + 25 G DE 10.81 +1 G DE 2

indaco

classic blue

Night colors

Special color

PORPORA

BLU VIOLET

INDIGO

black cherry

37g de Rojo + 1g de 1 + 2g de Azul

35g de Magenta + 5g de Azul

10g de Rojo + 30g de Azul

1 g de Rojo + 38 g de Azul + 1 g de Claro

para usar solo con oxígeno: 5 -10 dilución 1: 1 tiempo de procesamiento 10 - 15 minutos

Magic Red and Gold
special edition

15 g de ROJO +
5g de AZUL
+ 1g de 1
19g de 7,46

Special color

15 g de
dorado
+ 1g de 1
+ 19g de 8.12

Special color

Living Coral
special edition

Special color

1g de rojo
+10 g de cobre
+ 1 g de dorado
+ 1g de 2
+ 27g de Claro

Special color

1g de rojo
+10 g de cobre
+1g de dorado
+ 7g de Claro
+ 20 g de 7.11

1g de rojo
+10 g de cobre
+1 g de dorado
+ 7g de Claro
+ 22 g de 8.11

Peach
special edition

tres elegantes y delicadas
matices pastel

Special color
2g de cobre + 1g de dorado + 37g de 9.32

Special color
2g de rojo + 1g de dorado + 37g de 9.32

Special color
2g de rojo + 1g de cobre + 37g de 9.32

El marrón con reflejos coral.

CINCO TIERRAS

Range

5   10g de 5.54 + 10g de 5.43 + 20g de 5.00

6   10g de 6.54 + 10g de 6.43 + 20g de 6.00

7   10g de 7.54 + 10g de 7.43 + 20 g de 7.00

8   10g de 8.54 + 10g de 8.43 + 20g de 8.00

Range

ANTARCTIC

BASE FRIA

5	1 G DE CLARAS + 1 G DE 1.1 + 38 G DE 5
6	1 G DE CLARAS + 1 G DE 1.1 + 38 G DE 6
7	1 G DE CLARAS + 1 G DE 1.1 + 38 G DE 7
8	1 G DE CLARAS + 1 G DE 1.1 + 38 G DE 8

TONER: 38 G DI 10,00 + 1 G DI 1,1 + 1 G DI 2 peróxido de hidrógeno 5 VOL.

Range

SAHARA

DORADO/ARENA

4	15 G DE 0.3 + 5 G DE 4.81 + 20 g DE 4
5	15 G DE 0.3 + 5 G DE 5.81 + 20 g DE 5
6	15 G DE 0.3 + 5 G DE 6.81 + 20 G DE 6
7	15 G DE 0.3 + 5 G DE 7.81 + 20G DE 7
8	15 G DE 0.3 + 5 G DE 8.81 + 20 G DE 6

Bienvenido a la sección Especial plus + del formulario. Aquí encontrarás fórmulas pastel: tonos delicados y fáciles de usar. Tienen una altura de 9-10 tonos y necesitan la misma base de aclarado. Ideal para clientes a los que les gusta cambiar constantemente sus reflejos. Funcionan como tónicos para mechas, ombré, decoloraciones. Apenas se nota para ser usado en un fondo más oscuro que 10.

DILUCIÓN DE AGUA OXIGENADA: 5 VOL. RELACIÓN 1: 1
TIEMPO DE COLOCACIÓN 10 -15 - 20 MINUTOS

Cuarzo rosa y Serenidad
Special plus +

SERENIDAD	CUARZO ROSA
+ 5 g Azul	+ 3g RoJo
+ 30g 10.12	+ 37g 10.11
+5g 10:21	

rosa bebé	suave cítrico	pastel dorado	menta	azul claro	lila
2 g fucsia + 38g 9.32	1 g cobre +1g dorado + 38 g 9.32	3g amarillo flúor + 37g di 10.23	5g verde + 35g 10.13	5g azul + 35g 10.1	5g púrpura + 36g 10.21

15g 10.2
+ 20g 10.11
+ 2g 4.2
+1g Rojo
+ 1g 6.12

PANTONE
Brandied Apricot
16-1610 TCX

15g 9.32
+ 20g 10.11
+ 5g 10.13

PANTONE®
13-0711 TCX
Putty

15g 4.46
+ 20g 10.12
+ 4g 10.23
+1g 1

PANTONE®
18-1648 TCX
Baked Apple

10g rojo
+10g 10.11
+1 g azul
+ 4 g 4.46
+ 5 g di CLEAR

PANTONE®
20-0067 TPM
Guava Jam

Pantone
Special plus +

Color of
the Year
2022

Very Peri

SPECIAL COLOR
(TONER) :
10G AZUL +
1G ROJO
+
1G GRIS
+
28G CLEAR

+ 29 g ROJO
+ 9 g COBRE
+ 1 g 1
+ 0,5g AZUL

PANTONE®
19-1557 TCX
Chili Pepper

20 g 8.23
+ 10 g 9.32
+ 10 g 10.21

METALLIC SHIMMERS
PANTONE®
20-0050 TPM
Peach Bellini

Special color:

40g de CLEAR + 1 g de 2

FÓRMULA UTILIZABLE EN ALTURA DE TONO 9/10
CON OXÍGENO DE 5 VOLÚMENES con dilución 1:1.
Tiempo de procesamiento 10 -20 minutos

6   20 G 6.78 + 18 g 6.00 + 2 g 6.17

7   20 G 7.78 + 18 g 7.00 + 2 g 7.17

8   20 G 8.78 + 18 g 8.00 + 2 g 8.17

9   20 G 9.78 + 18 g 9.00 + 2 g 9.17

Matt Black

Range

30 g de 1 + 5 G DE VERDE + 3 G DE AZUL +
2 G DE DORADO +
40 ml de peróxido de hidrógeno a
15 volúmenes sobre cabello natural,
sobre cabellos blancos a 20 vol.

Special color:

30 g de Rojo / Magenta +
10 g de Azul

FÓRMULA UTILIZABLE EN ALTURA DE TONO
8/910 CON OXÍGENO DE 5 A MÁXIMO 15
VOLÚMENES, RELACIÓN 1:1

Special color:

10 g de Rosso +
30 g de Azul

FÓRMULA UTILIZABLE EN ALTURA DE TONO
8/910 CON OXÍGENO DE 5 A MÁXIMO 15
VOLÚMENES, RELACIÓN 1:1

CLASSIC TONER

Tónico con un sabor clásico revisado.
Estos tonos se venden fácilmente en tu salón.
Son colores especiales por lo que se deben mezclar con peróxido de hidrógeno desde un mínimo de 5 hasta un máximo de 15 volúmenes.
Ideal para tonificar el cabello decolorado.

IRISH COPPER HAIR COLOR

COLLECTION

0 Special color — 20 G DE COBRE + 10 G DE DORADO + 20 G DE 6.3

0A Special color — 25 G DE COBRE + 12 G DE DORADO + 5 G DI 6 + 5 G DI 7.3

0B Special color — 20 G DE COBRE + 10 G DE DORADO + 20 G DE 8

0C Special color — 20 G DE COBRE + 10 G DE DORADO + 20 G DE 8.33

MARINA ABRAMOVIĆ INSPIRATION

COLLECTION *Special color*

WARM GREY COLLECTION

1 G DE DORADO + 10 G DE GRIS + 29 G DE 10.21	1 G DE 5 + 10 G DE GRIS + 29 G DE 10.11	1 G DE 1 + 1O G DE 10.12 + 29 G DE 10.11

SAND COLLECTION

35 G DE CLARAS + 2 G DE DORADO + 3 G DE 10,38	20 G DE CLARAS + 5 G DE DORADO + 15 G DE 8,81	25 G DE CLARAS + 5 G DE DORADO + 1 G DE COBRE + 10 G DE 8,81

ANTIQUE PINK COLLECTION

3 G DE FUCSIA + 37 G DI 10.11	3 G DE ROJO + 1 G DE DORADO + 36 G DE 10.11	2 G DE MORADO + 1 G DE FUCSIA + 37 G DE 10.11

MAPLE COLLECTION

10 g de FUCSIA
+ 10 G de CLEAR
+ 20 G DI 10.21

10 g de COBRE
+ 10 G de AMARILLO FLUOR
+ 20 G DE 10,37

MOON GREY COLLECTION

10 G DE 10.12
+ 10 G DE 10.11
+ 20 G DE GRIS

10 G DE 10.12
+ 10 G DE 10.11
+ 10 G DE GRIS
+ 10 G DE CLEAR

1 G DE 1
+ 1 G DE 1.1
+ 38 G DE 10.12

ICE COLLECTION

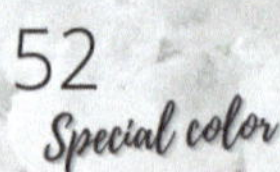

10 G DE 10.02
+ 30 G DE CLEAR

9 G DE 10.01
+ 1 G DE AZUL
+ 30 G DE CLEAR

54	20 G CLEAR + 1 G COBRE + 19 G 10.5	
55	20 G CLEAR + 1 G DORADO + 19 G 10.31	
56	20 G 6.66 + 1 G 1.1 + 19 G 0.65	

CORK COLLECTION

57	58	59
20 g DORADO +1 G 3 + 19 G 0.03	20 g DORADO +1 G 2 + 19 G 9.33	20 g DORADO +1 G 2 + 19 G 9.35

COFFEE COLLECTION

	60	61	62	
		30 G 4.54 + 10 G 4.83	30 G 9.34 + 10 G 10.83	30 G 7.54 + 10 G 8.83

CLASSIC COLORS

Estos matices
han sido creados para ser
armoniosos y elegantes y
fácilmente vendibles.
Se utilizan con tintes de
oxidación para cabellos
blancos o teñidos.
Peróxido de hidrógeno: de
20 a máximo 30 vol. con
dilución 1:1 - 1:1,5

SUPERIOR BROWN

Range

3   20 G DE 3.87 + 20 G DE 3.00

4   20 G DE 4.87 + 20 G DE 4.00

5   20 G DE 5.87 + 20 G DE 5.00

6   20 G DE 6.87 + 20 G DE 6.00

BRIGHT BROWN

Range

3   20 G DE 3.83 + 20 G DE 3.00

4   20 G DE 4.83 + 20 G DE 4.00

5   20 G DE 5.83 + 20 G DE 5.00

6   20 G DE 6.83 + 20 G DE 6.00

WARM BROWN

Range

3 20 G DE 3.14 + 20 G DE 3.00

4 20 G DE 4.14 + 20 G DE 4.00

5 20 G DE 5.14 + 20 G DE 5.00

6 20 G DE 6.14 + 20 G DE 6.00

COLD BROWN

Range

3 20 G DE 3.17 + 20 G DE 3.00

4 20 G DE 4.17 + 20 G DE 4.00

5 20 G DE 5.17 + 20 G DE 5.00

6 20 G DE 6.17 + 20 G DE 6.00

HOT BROWN

Range

3 20 G DE 3.42 + 20 G DE 3.00

4 20 G DE 4.42 + 20 G DE 4.00

5 20 G DE 5.42 + 20 G DE 5.00

6 20 G DE 6.42 + 20 G DE 6.00

ORANGE BROWN

Range

3	20 G DE 3.43 + 20 G DE 3.00	
4	20 G DE 4.43 + 20 G DE 4.00	
5	20 G DE 5.43 + 20 G DE 5.00	
6	20 G DE 6.43 + 20 G DE 6.00	

CHERRY BROWN

Range

3	20 G DE 3.65 + 20 G DE 3.00	
4	20 G DE 4.65 + 20 G DE 4.00	
5	20 G DE 5.65 + 20 G DE 5.00	
6	20 G DE 6.65 + 20 G DE 6.00	

GOLD BROWN

Range

3	20 G DE 3.33 + 20 G DE 3.00	
4	20 G DE 4.33 + 20 G DE 4.00	
5	20 G DE 5.33 + 20 G DE 5.00	
6	20 G DE 6.33 + 20 G DE 6.00	

CLASSIC RED

Range	
4	10 g 4.66 + 10 g 4.65 + 20 g 4
5	10 g 5.66 + 10 g 5.65 + 20 g 5
6	10 g 6.66 + 10 g 6.65 + 20 g 6
7	10 g 7.66 + 10 g 7.65 + 20 g 7
8	10 g 8.66 + 10 g 8.65 + 20 g 8

Mahogany

Range	
4	10 g 4.5 + 10 g 4.54 + 20 g 4
5	10 g 5.5 + 10 g 5.54 + 20 g 5
6	10 g 6.5 + 10 g 6.54 + 20 g 6
7	10 g 7.5 + 10 g 7.54 + 20 g 7
8	10 g 8.5 + 10 g 8.54 + 20 g 8
9	10 g 9.5 + 10 g 9.54 + 20 g 9

Cold Copper

Range	
4	10 g 4.43 + 10 g 4.81 + 20 g 4
5	10 g 5.43 + 10 g 5.81 + 20 g 5
6	10 g 6.43 + 10 g 6.81 + 20 g 6
7	10 g 7.43 + 10 g 7.81 + 20 g 7
8	10 g 8.43 + 10 g 8.81 + 20 g 8
9	10 g 9.43 + 10 g 9.81 + 20 g 9
10	10 g 10.43 + 10 g 10.81 + 20 g 10

Magic Iride

Range			
4	10 g 4.25 + 10 g 4.24 + 20 g 4
5	10 g 5.25 + 10 g 5.24 + 20 g 5
6	10 g 6.25 + 10 g 6.24 + 20 g 6
7	10 g 7.25 + 10 g 7.24 + 20 g 7
8	10 g 8.25 + 10 g 8.24 + 20 g 8
9	10 g 9.25 + 10 g 9.24 + 20 g 9
10	10 g 10.25 + 10 g 10.24 + 20 g 10

Old Purple

Range			
4	10 g 4.23 + 10 g 4.22 + 20 g 4
5	10 g 5.23 + 10 g 5.22 + 20 g 5
6	10 g 6.23 + 10 g 6.22 + 20 g 6
7	10 g 7.23 + 10 g 7.22 + 20 g 7
8	10 g 8.23 + 10 g 8.22 + 20 g 8
9	10 g 9.23 + 10 g 9.22 + 20 g 9
10	10 g 10.23 + 10 g 10.22 + 20 g 10

Deep Violet

Range			
4	10 g 4.22 + 20 g 4.21 + 10 g 4
5	10 g 5.22 + 20 g 5.21 + 10 g 5
6	10 g 6.22 + 20 g 6.21 + 10 g 6

Deep Ash

Range

Range	Formula
4	10 g 4.71 + 10 g 4.17 + 20 g 4
5	10 g 5.71 + 10 g 5.17 + 20 g 5
6	10 g 6.71 + 10 g 6.17 + 20 g 6
7	10 g 7.71 + 10 g 7.17 + 20 g 7
8	10 g 8.71 + 10 g 8.17 + 20 g 8
9	10 g 9.71 + 10 g 9.17 + 20 g 9
10	10 g 10.71 + 10 g 10.17 + 20 g 10

Milk blonde

Range

Range	Formula
7	10 g 7.23 + 10 g 7.8 + 20 g 7
8	10 g 8.23 + 10 g 8.8 + 20 g 8
9	10 g 9.23 + 10 g 9.8 + 20 g 9
10	10 g 10.23 + 10 g 10.8 + 20 g 10

Lavander Ash blonde

Range

Range	Formula
7	10 g 7.2 + 10 g 7.1 + 20 g 7
8	10 g 8.2 + 10 g 8.1 + 20 g 8
9	10 g 9.2 + 10 g 9.1 + 20 g 9
10	10 g 10.2 + 10 g 10.1 + 20 g 10

Rose blonde

7	10 g 7.65 + 10 g 7.83 + 20 g 7
8	10 g 8.65 + 10 g 8.83 + 20 g 8
9	10 g 9.65 + 10 g 9.83 + 20 g 9
10	10 g 10.65 + 10 g 10.83 + 20 g 10

Vintage blonde

7	10 g 7.35 + 10 g 7.33 + 20 g 7
8	10 g 8.35 + 10 g 8.33 + 20 g 8
9	10 g 9.35 + 10 g 9.33 + 20 g 9
10	10 g 10.35 + 10 g 10.33 + 20 g 10

Strawberry blonde

7	3 g 7.66 + 37 g 7.00
8	3 g 8.66 + 37 g 8.00
9	3 g 9.66 + 37 g 9.00
10	3 g 10.66 + 37 g 10

Golden Love blonde

Range	Formula
7	5 g 7.34 + 5 g 7.3 + 30 g 7.
8	5 g 8.34 + 5 g 8.3 + 30 g 8
9	5 g 9.34 + 5 g 9.3 + 30 g 9
10	5 g 10.34 + 5 g 10.3 + 30 g 10

Cosmic blonde

Range	Formula
7	5 g 7.36+ 5 g 7.21 + 30 g 7
8	5 g 8.36+ 5 g 8.21 + 30 g 8
9	5 g 9.36+ 5 g 9.21 + 30 g 9
10	5 g 10.36+ 5 g 10.21 + 30 g 10

Beige blonde

Range	Formula
7	5 g 7.88+ 5 g 7.81 + 30 g 7
8	5 g 8.88+ 5 g 8.81 + 30 g 8
9	5 g 9.88 + 5 g 9.81 + 30 g 9
10	5 g 10.88 + 5 g 10.81 + 30 g 10

Tropical passion

7	10 g 7.62+ 10 g 7.68 + 20 g 7
8	10 g 8.62+ 8 g 7.68 + 20 g 8
9	10 g 9.62+ 9 g 7.68 + 9 g 7
10	20 g 10.62+ 20 g 10.68

Coconut

4	10 g 4.82+ 10 g 4.83 + 20 g 4
5	10 g 5.82+ 10 g 5.83 + 20 g 5
6	10 g 6.82+ 10 g 6.83 + 20 g 6
7	10 g 7.82+ 10 g 7.83 + 20 g 7
8	10 g 8.82+ 10 g 8.83 + 20 g 8
9	10 g 9.82+ 10 g 9.83 + 20 g 9
10	10 g 10.82+ 10 g 10.83 + 10 g 4

Tropical green

uso de pigmentos puros:
30 g de turquesa + 5 g de azul + 5 g de gris.

Sea

uso de pigmentos puros:
10 g de turquesa + 20 g de azul + 10 g de transparente.

Palm green

pigmentos puros: 10 g de turquesa + 20 g de verde + 5 g de amarillo lima.

Tropical pink

pigmentos puros: 5 g de fucsia + 1 g de amarillo + 34 g de rosa

®
GELYDONIA ORIGINAL
NEW COLOR 78
CREATED BY FRANCESCO CILIDONIO
all the shades of the sea in a single
hybrid color

Un color que se convierte en púrpura
frío, cálido, azul e incluso turquesa según
la base aclarante.
A color that changes to cool and warm purple, blue and even
turquoise based on the lightening base.

78

GELYDONIA ORIGINAL

NEW COLOR

formula pure - direct pigments:
5 g of DARK GREEN +
10 g of TURQUOISE +
5 g of ACID GREEN +
10 g of BLUE +
5 g of LAVANDER +
5 g of FLUO COOL PURPLE

ideal for 9 - 10 lightening bases. On tone 8 it
will magically turn into unpredictable colors.
Ideal para matices de 9 a 10. En el tono 8 se
transformará mágicamente en colores impredecibles.

 colorcoach_formatoreaziendale

Qui si conclude il primo volume del formulario per parrucchieri coloristi. Cerca gli altri e riempi il tuo negozio di colori!

This concludes the first volume of the colorist hairdressing form. Look for others and fill your shop with colors!

Así concluye el primer volumen del formulario de peluquería colorista. ¡Busca otros y llena tu tienda de colores!

これで、カラーリストの理髪フォームの第1巻は終わりです。他の人を探して、あなたの店を色で満たしてください！

* 9 7 9 8 8 4 2 0 0 4 2 3 2 *